홍종임 두 번째 시집

그리움의 타래

성원인쇄문화사

당신께 모든 것을 맡겼을 때

돌산으로 뾰족한 바위가 부서져
늘 저마다 함께하소서
당신께 모든 것을 맡겼을 때
홍 종 임

작은 내 달을 띄우며

오늘도 꿈을 꾼다.
바람에 싣고 가는 구름은 어디서 왔다
어디로 가는 걸까? 서산의 붉은 황혼은
마음만 바쁘게 한다. 그래서, 더 그리운 날들……
붉게 타오르는 산천은
그 뜨거운 여름의 흔적인가?
영혼의 삶을 붙잡고 성모님의 자상한 눈빛 속에
마음을 실어 달라고 두 손을 모아도
삶의 흔적으로 남은 아름다운 추억들이
발걸음을 무겁게 하지만
누구나 가야 할 길 그 아스라함
늙음이라는 축음기가 회전의 속도를 올릴수록
놓아야 할 노랫소리가 더 많아지는 것은
우리네 삶의 계곡일 것이기에
흐르는 물속에 내 작은달을 띄워 본다.

2021년 가을 소양강 가에서 **홍 종 임**(카타리나)

고운 시의 글처럼 고운 길 걸으소서

홍종임 카타리나 시인의 겉모습은 대장부 같습니다. 그런데 아름다운 시어들을 풀어 놓으시는 걸 보면 사실 참으로 여리고 고독하고 깊은 침묵의 세월을 살아오셨다는 생각에 애잔해지기까지 합니다. 그러면서 이분도 여느 여인들과 다름없는 삶을 사셨다는 생각을 갖게 합니다. 카타리나 시인의 시를 묵상해 보면 이내 시인의 삶과 마음을 엿볼 수 있습니다.

"울창한 숲 사이
줄 타고 홀로 노니는 까치
너도 혼자 나도 혼자인 듯
외로운 나를 반겨주고
다독여 주는 흐뭇함이여!…"

(시, 〈남이섬 숲에서〉 중에서)

"애잔한 그리움이
겹겹이 쌓여 오는데

내 마음 어찌할까
수줍은 소녀의 마음
간간이 이어져 오네."

(시, 〈팔순의 문턱에서〉 중에서)

"산등성이 줄지어 늘어선
파란 무덤의 집들에
수많은 삶의 애환이 잠들어 있네
어머니 아버지 나의 짝까지
함께 누워있네"

(시, 〈성묘 길에〉 중에서)

카타리나 시인은 그만큼 외로웠고, 그만큼 고독했으며, 그만큼 애잔한 삶을 사셨습니다. 사랑 받았던 귀한 딸이었고, 사랑을 나누던 아내였고, 사랑을 주고 있는 엄마였습니다. 그리고 카타리나 시인은 진정 영원히 돌아갈 귀향의 집을 아는 신앙인입니다. 그래서 그분의 시에서 신앙을 빼면 시가 완성되지 않을 것입니다. 그것은 마치 홍윤숙 시인의 글과도 같은 생각일 것입니다.

"겨울이 오면 눈을 생각하고 여름이 오면 바다를 그리워하는 변함없는 인정을, 사랑하는 사람 앞에 타는 촛불이 되고 보이지 않는 어둠 속에 기도를 잊지 않는 본연의 모습을, 그리고 언젠가는 다시 떠나온 곳으로 돌아가야 하는 회귀의 순례 길을, 영원의 의미를 생각해보고 싶다."

(홍윤숙, 《하루 한순간을》, 성바오로 출판사, 4쪽)

늘 쉼 없이 시를 쓰시는 홍종임 카타리나 시인께서 신앙의 완덕을 향한 깊은 고독 속에 그리운 사랑을 쌓아둘 수 없어 또다시 사랑의 글들을 엮어 시집을 출간하신다니 참으로 아름답고 장한 삶을 사신다는 생각을 갖게 됩니다. 그리고 제 자신을 되돌아보며 성찰의 시간을 갖습니다.

카타리나님, 진심으로 시집 출간을 축하드립니다. 그리고 언제나 영육의 건강을 기도드립니다.

배광하 치리아코 신부

천주교 춘천교구 미원성당 주임

(전, 춘천교구 가톨릭 문우회 담당 신부)

「홍종임 시 감상 길라잡이」

/1/ 기도하는 마음

/2/ 그리움의 타래

/3/ 외로운 백로

/4/ 미운 새

홍종임 두 번째 시집

홍종임 시 감상 길라잡이

그리움을 샘물처럼 퍼 올리는 서정시인

홍 문 식
시인 아동문학가

1. 추억을 소환하는 그리움의 공간

먼저 홍종임 시인의 제2집 『그리움의 타래』 상재를 축하드리며 본인이 홍 시인의 시를 감히 평한다는 것이 시인에 누가 되지는 않을까 염려됩니다. 하여 홍 시인의 시를 감상한 내용을 겸허한 마음으로 읽고 두서없이 서술하였다는 점을 먼저 밝히는 바이다.

홍종임 시인의 문학적 동기, 너 구체적으로 말하넌 시 쓰기 동기(動機)에 주목할 필요가 있다. 바로 아리스토텔레스(Aristoteles)가 『시학』에서 주장했던 "인간은 모방(模倣) 본능을 가지고 있고, 이 본능 때문에 문학이 생겼다"는 모방 본능설(模倣本能說)에 따르고 있다. 그것도 자연에서의 모방이다.

자연은 순수이다. 자연을 닮고 싶어 하는, 그리고 자연에서 삶의 방정식을 푸는 해법을 찾으려는 그의 시편들은 이렇게 모두 순수성을 지닐 수밖에 없다. 그의 순수성은 또 다른 곳에서도 발견된다. 곧 "모방은 문학에 있어서 인간의 심성과 행위의 보편적인 양상(樣相)을 제시하는 것"이라고 아리스토텔레스가 말했던 주장에서도 그 근거를 찾을 수가 있다.

시인의 노력은 어쩌면 도로(徒勞)로 끝날지도 모르지만 시인은 여기에 그렇게 개의치 않는다. 열정(passion)은 본디 희생과 수난을 동반하는 정서이며 탐색(quest)은 고통과 인내를 요구하는 작업이라는 것을 그들은 시작의 체험을 통하여 누구보다도 잘 알고 있는 사람들인 까닭이다. 위대한 발견과 깨달음은 모든 시인의 이상이지만 쉽게 손에 넣을 수 없는 것이어서 있으면 더욱 좋겠지만 없어도 크게 실망하지 않는다.

시집의 제목으로 내세운 「그리움의 타래」라는 시를 읽으면서 팔순을 바라보는 할머니 시인이 바라는 소망이 무엇인지, 어떻게 이루려 하시는지 속마음을 훔쳐볼 수 있다. 그는(홍종임) 믿음과 사랑이 넘치는 행복한 세상을 바라며, 추억을 소환하는 그리움으로 삶의 공간을 가꾸어 가면서 삶의 가치를 독자의 가슴과 가슴에 사랑을 심고 나눔과 배려, 그리고 기다림의 지혜를 나누기 위해 시를 쓴다.

2. 신성 지향으로 철저한 자기성찰을 통한 신앙고백

홍종임 시인의 시 세계를 크게 두 방향으로 대별하여 분리할 수 있다. 먼저 신성 지향으로 신앙고백, 즉 종교성에 시선이 집중된다. 다시 말하여 하나는 단어로 표현한다면 성찰이며 순종과 소명이며 양심이며 소망 등이 시 세계의 결정체라고 본다. 또한, 홍 시인은 삶에 대한 의문과 번뇌의 해답을 구하지 못할 때 철저한 자기 반성적인 신앙고백, 엄숙한 자기 검열로 성당의 문을 주기도문을 외며 두드렸다. 옥타비오 파스가 말하듯 홍 시인이 바라보는 시는 악마를 쫓는 주문이고 맹세이며 동시에 시를 통한 구원이며 힘이라고 할 수 있다. 그런 까닭에 카톨릭의 체험과 정서 참회 성찰을 시의 본질에 불어 넣어 신앙화 하는데 몰두할 수 있는가를 고뇌한다.

제1부 〈기도하는 마음〉의 모든 시는 홍 시인의 신앙생활과 어머니로서의 마음을 숨김없이 잘 나타나고 있는 시들이다. 특히 「메주고리에서」에서 지고한 신앙의

향기와 신앙인의 면모를 동시에 느낄 수 있다. 가시적으로 다가와 우리를 숙연하게 만드는 부분이 "어머님의 마음은 늘 분주한 나날이다" "성모님은 나의 어머니 기도로서 보답하리"와 같은 것이다 「기도 1」에서 "고통도 기쁨으로 승화되게 하시고" 「기도 3」에서 "성서를 부여안고 몸부림 친다"는 시적 화자의 절대적인 신앙의 참다운 모습을 볼 수 있으며 이런 신앙의 모습은 하루아침에 얻어지는 것이 아니라 신앙인의 조건 없는 비근한 욕구와 절실한 비원의 실체가 오랫동안 준비되고 그런 것들이 끈질기게 이어져 내면화가 중심을 이루고 있을 때 가능한 것이다.

당신께 모든 것을 맡겼을 때
슬픔도 외로움도
자식 걱정마저도
모든 것을 해결해 주신
주여
늘 저와 함께 하소서

「기도 1의 3연」

홍종임 시인의 「알아 주셨네 나의 하나님」 「당신의 꽃」 「성체조배」 「주님의 마음」 등에서 보듯 철저한 자기반성과 그 반성을 내향적 자기성찰로 이어져 그 성찰이 절대자에게 신앙고백으로 승화되고 있다는 점이다. 이러한 시인의 성찰은 너와 나의 소통을 굳건하게 만든다. 기도란 신神과의 대화이며 영적인 만남이다. 홍 시인에게는 대화의 수단으로 시라는 매개체를 통하여 시의 사제司祭로서 성찬을 받치고 있다.

분노로 이글거리며
타들어 가는 고뇌 앞에
그의 아픔이 나를 울린다
고통 입은 기쁨
그보다 더 귀한 이 없기에
그의 아픔에 같이함이
더 큰 의미로
환희를 안겨준다

태산 같은
그의 가슴에 기대볼까

생기가 나는
그의 목소리에 내 외로움 담아
새로운 삶은 잉태되고
오늘도 그를 기다리며 하루를 시작한다

「그대 있음에 전문」

예수 그리스도에 대한 믿음이라는 정서적 강렬성을 자신의 정신세계로 투사하여 신앙심을 더욱 강화하고 있다. 홍 시인은 결국 구원이라는 인식에 초점이 맞추어져 있다. 절대자의 말씀에 순종하고 이타적인 기도를 생활화하고 있기 때문에 가능한 것이다. 삶에서 일어나는 모든 아픔과 분노 고통 속의 아픔도 절대자에 대한 강한 믿음으로 아픔도 고통도 번뇌도 다 감사의 마음으로 나를 일깨워 주기에 환희를 안겨 주기에 그 넓은 가슴에 의존하고 그의 목소리에 자신의 외로움도 다 새로운 삶의 힘이 되고 용기가 되어 매일 매일을 하나님을 가슴에 품고 하루를 시작한다고 노래하고 있다.

3. 샘처럼 솟아나는 그리움

시인은 그리움을 먹고 사는 사람들이다. 누구나 마음속에 한 자락의 그리움을 깔아놓고 살아간다지만 홍종임 시인의 그리움은 유별난 데가 있다. 그에게 그리움은 삶의 동기이고 삶을 이끌어가는 심적 에너지이다. 노년의, 사소하지만 아름다운 기억으로부터 미지의 세계에 이르기까지 시인의 그리움의 대상이 되지 않는 것은 없다.

홍종임 시인의 임에 대한 그리움이 유별난 데가 있다. 호반의 도시 춘천의 아름다운 호수 주변을 걸으며 물안개 피어오르는 모습을 보면 함께 걸으며 삶의 희로애락을 나누던 동반자(남편)의 사랑과 체취가 물안개처럼 피어나는 것을 실감하게 된다. 「영혼으로 만나는 당신」에서는 숲길 따라 걷노라면 산새들의 지저귐과 아침 햇살에 반짝이는 잎새와 함께 피어나는 물안개가 임이 되어 다가서는 듯 영혼으로 다가서는 임의 모습에 "영혼의 미소로 나를 반겨주는 흐뭇함이여" 하고 노래하고 있으며 「아침 햇살 속의 그대」에서는 임이 떠나간 지가 어언 22년이 지났지만, 아침 햇살을 받으며 걷는 호반의 아름다운 추억 길이 임과 함께 걷던 추억이 마치 엊그제 같은 모습을 하고 달려오는 것 같은 그리움이 가슴을 뜨겁게 하고 있다. 그래서 홍종임 시인은 "가신 지 22년 세월/ 엊그제 만났던 그 모습으로/ 생생히 다가오는 당신/오늘도 변함없이 그리운 '카롤로' /그리움 되어/햇살 미소로 달려온다. 라고 노래하고 있다.

그리움은 본질적으로 결핍에 대한 보상심리와 맞물려 있다. 그것은 이상과 현실이 서로 멀리 떨어져 있음을 알게 되는 데서 오는 절망감을 극복하려는 소망의 다른 이름이고 기쁨과 슬픔의 공존, 그 숙명적인 갈등에 대한 깨달음의 소산이다.

'내 시는 온통 내 그리움의 표출' 이라든지 '내 시는 그리움을 길어 올리는 두레박' 이라든지 하는 무명시인들의 고백은 그대로 모든 시인들의 고백일 수밖에 없다. 지금은 나에게 없는 것, 그러나 저기에는 있을 것 같은 것, 그래서 손짓으로 불러보고 발길을 그 쪽으로 향해 보지만 결국 허허로움과 아픔만을 안고 돌아설 때 마음은 더 큰 그리움으로 채워지게 되는 것이니 그리움은 퍼내도 퍼내도 마르지 않는 샘물과 같은 것이 아닐 수 없다. 그 그리움이 타래처럼 엮이어 나와 임을 함께 휘감아 하나가 되게 하고 있는 것은 그리움을 타래로 만들어 시인의 가슴에 담고 있다. 그래서 홍 시인은 이 샘물이 있어 늘 젊게 사는지도 모른다.

그리움이 모이면
애잔한 이슬 되고
이슬 머금은 눈망울은
회색빛 기억 필름을 돌리네

밤마다 엮은
그리움의 타래가

어느새

긴 목도리가 되어

임을 감고 나를 감네

「그리움의 타래 전문」

덴마크의 철학자 쇠렌 키르케고르(1813~1855)는 과학이 인간을 행복한 미래로 인도할 것이라는 낙관적 세계관이 지배하던 시대에 태어났다. 그러나 세계에 대한 이성적 그림으로 포착되지 않는 영역을 삶이라는 무대의 주연으로 등장시킨다. 삶은 구체적 상황 속에서의 나의 존재와 관련된 질문들로 어우러져 있다. 이 질문들은 나만이 가늠할 수 있는 무게로 다가와, 내 상황의 특수성을 고려하지 않는 이성적 논리적 분석은 공허하게 들린다.

붉은 노을이 내리는 냇가

맑은 시냇물 따라

하얀 백로 날갯짓하며

기우뚱거리는 가냘픈 발걸음

외로운 서 백로는

지금 나의 모습인가

서산에 걸친 해
찬바람 스치는
은모래 강변을 채색하며
석양의 그림자를 불사르네

온몸을 파고드는 그리움
산마루를 스치는
뭉게구름 조각들이
외길에 홀로선 나를 위로하는 듯
가신 임 모습 되어
텅 빈 가슴 쓰러 내리네

「외로운 백로 전문」

문득, 멈추어 나의 삶이 어디로 가고 있으며 그 방향이 어떤 의미인가를 물어보라. 예기치 못하게 부딪친 어려움 앞에서 내가 왜 이런 일을 겪어야 하는지 물었을 때를 기억해보라. 자연의 이치에 대한 과학적 지식, 그리고 어떻게 사는 것이 인간의 도리인지에 대한 통속의 지혜와 관습은 이들 질문 앞에 무력하고 그저 생소하다.

홍종임 시인은 노년의 삶을 외로운 백로에 비유하고

있다. 지난 삶의 흔적들을 돌아보면 순백의 아름다운 꿈도 임과 함께 사랑을 나누던 그리고 자식들을 키우며 맑은 강가의 은빛 모래알처럼 반짝이던 것들도 모두 불살라지고 이젠 노쇠하고 병들어 삶이 예전 같이 않음을 기우뚱거리는 백로와 같아 뭉게구름처럼 솟아나는 아스라한 추억들이 그리움으로 솟아난다. 먼저 가신 임(남편)의 자리가 산마루처럼 크게 느껴져 홀로선 자신 가슴속에 스산한 바람이 스며드는 외로움을 느낀다.

무릇 시인은 생명의 고귀함과 순수함을 그냥 넘기지 않는다. 항상 주변에서 샘솟아 오르는 생명들을 소홀히 대할 수 없다. 먼지 하나 이슬 한 방울도 생명의 고귀함 속에서 호흡하고 함께 숨을 쉬는 것이다.

오늘 나를 보니
참 많이 늙어버렸다.
잔뜩 부푼 마음에
공연히 얼굴 붉어지네

누굴 사랑하기에는
때늦은 세월이란 걸
거울을 보며 새삼 느끼는
허무하게 부서지는 마음

꿈에 젖은
분홍빛 마음
이젠 접으리
돌아보니
여름날
아름다운 보라 꽃이었네.

가는 세월
어찌하리
나를 너무 몰랐네
나는 너무너무 미운 새였나?

「미운 새 전문」

홍종임 시인은 자신의 삶을 미운 새로 보고 있다. 아니 우리들의 삶이 어찌 이와 같이 않겠는가, 어려운 시절 살자니 한숨이요 눈물이 마를 날 없었으며 여자의 시집살이는 이리 치고 저리 치며 마음은 썩고 문드러져 병들어도 참고 또 참으며 그것이 긴 한숨이 아닌 것이 없었을 것이다. 분홍빛으로 꿈에 젖었던 시절 뜨거운 열정이 여름날 태양처럼 뜨거웠던 삶의 현장 그 치열한 삶의 모습이 거울 속에 비친 자신의 주름진 얼굴 속에서 레코드판처럼 들려오는 노랫소리가 세월이 만들어지고 포개놓은 시련의 자리마다에 쌓인 자취들이 노후를 푸르게 만들고 아픔이 아니라 이젠 아름다운 꽃이 된다는 것을 「미운 새」를 비롯한 「석양」 「노년의 터널에 들어서며」 「가을 찬바람」 「낙엽 길」 등에서 교훈적으로 우리에게 일러주고 있다. 그 작은 삶에서 자신이 하고 싶은 일을 하면서 자신이 가지고 있는 지식과 재주를 공유하게 한다는 것은 참으로 행복한 삶이 아닐까 싶다.

4. 모성의 세계는 희생과 사랑으로 요약할 수 있는 시공

모성의 세계는 희생과 사랑으로 요약할 수 있는 시공이다. 그 곳은 삶에 지치거나 현실이 곤고할 때 돌아가 쉬고 싶은 안식처다. 다툼과 시비가 없는 어머니의 세계는 그러나 이세는 돌아살 수 없는 시간의 저쪽에 아스라히 존재할 뿐이다. 「자식」 「그리운 막내아들」 「호주에서」를 보면 자식에 대한 모성은 육신을 나누어 주고 또 주어도 부족함을 느끼는 것이 어머니의 세계다. 그래서 홍 시인은 노심초사 기도하는 것이 자신의 일이라고 되뇌인다. 그리고 어린 시절의 힘들고 고생스럽게

했던 추억들이 가슴을 아프게 한다. 좀 더 깊이 사랑해 줄 것을 좀 더 잘 해 주었더라면 하는 그리움이 회한으로 하얀 파도처럼 밀려온다. 그러나 그런 아픔을 딛고 일어선 자식들에 대해 감사한다. 은백의 꽃잎이 되어 활짝 피어난 자식들. 그 힘든 과정들을 이겨낸 자식들이 은모래처럼 아름답고 태양처럼 눈부시게 자신의 분야에서 활동하고 있는 것에 감사하고 있다. 그래서 홍 시인은 그 아름다운 추억들이 모두 그리움이 되고 사랑이 되어 싱그러운 미소로 자신을 감싸고 있다. 노후의 행복을 노래하고 있는 것이 아닐까?

어머니의 미소와 눈물은 더욱 아름답고 위대한 것이다. 우리가 괴로우나 즐거우나 소리 없이 웃는 미소 속에서 절대적인 생명의 초연한 깨달음은 대자연의 천성불멸의 품이 아닐 수 없다. 여기에 농부의 마음이 실어져 있고 어머니의 힘인 사랑이 숨 쉬는 것이다.

> 많은 인연의 끈
> 수없이 담아 보지만
> 정녕 나를 인정해주는
> 고마운 말 한마디는
> 생의 희열 되네
>
> 「말 한마디 1 끝연」

'말 한마디로 천 냥 빚을 갚는다.' '가는 말이 고와야 오는 말이 곱다.'는 속담이 있다. 우리들이 무심코 뱉는 말이 누군가에게는 상처를 줄 수가 있다. 홍 시인은 살아온 경험을 바탕으로 삶의 지혜를 우리들에게 말하고 있다. 우리가 살면서 수많은 인연을 맺고 삶이 희로애락을 섞으며 살을 부비며 산다. 그 삶의 과정에서 나누는 말들에서 정이 담뿍 담기기도 하고 아픔을 주기도 하고 독이 되기도 하고 약이 되기도 한다. 오가는 말들이 정이 담기고 사랑스러운 말들로 나눌 때 그 삶은 기쁨이 되고 용기를 갖게 되며 "따뜻하고 정겨운/ 벨 소리/약이 되어/검게 타던 가슴/ 환희로 피어나게 하네/「독이 되고 약이 되고」에서 노래하고 있다. 또 울컥 내 울분은/ 독화살이 되어/갑의 심장으로 날아 갔다// '경고한다. 너도 늙어봐라'"「경고」에서 시적 화자는 우리들에게 경고를 한다.

「말 한마디1 · 2 · 3」과 「경고」「독이 되고 약이 되고」를 통해 시인은 아름다운 말 사랑스러운 말로 우리 사회를 계도 하고 순화하며 정서를 아름답게 만들어 갈 의무를 지녀야 한다고 말하고 있다.

시인은 시행착오를 운명처럼 받아들이며 오늘도 바람

과 구름을 노래하고 봄과 꽃을 찬미한다. 생명에 대한 사랑이 시를 낳고 그 시는 다시 우리의 삶을 윤택하게 한다는 이 엄연한 진리 하나만으로도 시인은 크나큰 위안을 얻는다. 시는 생명의 소산이고 생명에 속하는 것이며 생명을 위해 존재하는 것(W.H.허드슨)이라는 인식은 그래서 지극히 타당한 말이다. 인간과 삶의 진실은 최고선(最高善)의 추구에 있는 것이니 그것은 곧 행복에 이름을 뜻한다. 이것은 시 정신의 윤리적 측면이기도 하다. 탐구의 열정과 생명에 대한 사랑을 통하여 인간에게 행복의 길을 제시하는 것이 시의 에스프리, 시의 정신이다. 그래서 시인은 시를 쓴다.

홍종임 시인의 팔십여 년의 삶을 통해 얻은 다양한 경험을 바탕으로 사랑을 실천하고 애틋한 사랑이 그리움으로 솟아나며 그 그리움을 바탕으로 한 신앙을 통한 사랑과 자기 통찰과 반성으로 바탕으로 추억을 소환하고 반추하여 우리들에게 깊은 공명을 일으키고 있다. 홍종임 시인의 두 번째 시집 『그리움의 타래』 상재를 진심으로 축하드립니다.

1

기도하는 마음

메주고리에[1] 에서

초록색 옷을 입은 자그마한 동산에
눈부신 햇살 속 하얀 성모님은
익로운 눈길로 나를 반겨주신다.

수많은 사람이 안아달라고 떼쓰는 곳
가지각색 고민의 옷자락 휘날리며 찾아드는 곳
어머님의 마음은 늘 분주한 나날이다.

동산을 거쳐 간 수많은 인파, 다양한 인종들로
붐비는 초록빛 동산에 크고 작은 사연들
흰 구름 속 하늘가로 두둥실 실려 보나 봐

회한의 눈물 분노의 이글거림
몽땅 성모님께 드리고
가파른 언덕길을 사뿐히 내려온다.

불러주심에 감사하여
산다는 의미를 실감하게 하는 고마움을 안고
성모님 나의 어머니 기도로서 보답하리

늘 저와 함께 하소서

---

[1] **메주고리에** : 보스니아의 작은마을로 성모 발현 카톨릭 성지

기도 1

주여
늘 나를 사랑하시고
아끼시는 채찍으로
고통도 기쁨으로 승화되게 하시고
감사함을 가르쳐 주신 주여
주 앞에 앉으면
벅찬 설렘으로
가슴이 밝아집니다.

순명과 순종의 갈림길에서
헤매던 저를
늘 감싸주신 고마움
이젠 평온한 하루하루를
조용히 사색에 잠겨
행복한 마음으로 즐깁니다.

당신께 모든 것을 맡겼을 때
슬픔도 외로움도
자식 걱정마저도
모든 걸 해결해주신
주여
늘 저마다 함께 하소서.

기도 2 (천 신부님을 보내드리고…)

어둠이 내리는 성당
고요와 적막이 흐르고
길게 늘어서 계단 길
그 길 따라 내려가면
밝은 불빛 하얀 국화꽃
그 꽃 옆에 우두커니 선
자애로운 천 신부님 초상화
쓸쓸함과 외로움이 감도네

평생을 외로운 길
마다하지 않고
꿋꿋이 걸어온 길
더 멀리 가신 길
외롭지 말라고
국화 향기 더하네

나도 가만 눈을 감네

기도 3

불현듯 떠오르는 얼굴
그리움의 몸부림
잊으려 되뇌어 보지만
가슴 깊이 박힌 상흔
내 생각은 먼 길로 나가
그리워지는 마음

성서를 펼쳐 들고 몸부림친다.
주여!
잊게 하여 주소서

알아주셨네. 나의 하느님!

주 하느님 감사합니다.
내게 있어 큰 은총인 것을
어째 받으리오 이 선율을
나만이 간직하기에는
너무 아까운 이 마음을
저 맑은 하늘 나의 주님께
고개 숙여 인사하고파

외로움 때문에
자식의 아픔 때문에
늘 허허로운 나를
언제나
따뜻한 마음 넉넉한 품으로
함께하고 안아 주시고
알아주시네
나의 하느님!

당신의 꽃

앞줄에서 눈인사
뒷줄에서 밝은 웃음
받는다

앞줄에 나란히 앉은 노부부
세상에서 제일 부러운 모습
행복은 이런 것이 아닐까?

성스러운 성체 시간
나란히 앞뒤에서 가는 모습
오늘따라 눈부시어라

나의 하느님!
감사와 찬미 받으소서
아름다움을 보게 해주시기에
고개 숙여 인사드립니다

노후에 주시는 은총
손자 손녀의 재롱

느끼게 해주신다고 하면
저는 무엇으로 은총을 받을까요?
분명 당신의 뜻
제게도 있사옵니다.

감사함과 고마움을 느끼게 해주신
나의 하느님!
저의 가정에도
축복의 꽃으로
자손을 번창하게 해주소서

성체 조배

어둠이 내리는
희미한 빛 속에 비치는
성체 앞으로 붉은 등불
우두커니 바라보는 묵상의 성체 조배
고요한 마음속에
문득 떠오르는 막내 얼굴

작은 가슴에 깊이 파고들어
주님께 떼를 써본다

9일 기도 끝나는 날
밝은 웃음으로
성체 앞에 나란히 앉아
감사함을 올릴 수 있게
도와주십사 떼를 써본다

주님의 마음

주님 감사합니다
팔십의 나이에도 누군가를 그리워하여
기다리는
내 마음의 꽃밭 갖게 해주심에

마음의 방안
어느새 사랑의 씨앗 싹텄는가?
눈 감으면
아련히 다가오는 그리움
예쁜 새싹으로 자라
곱게 피어나는 분홍 꽃밭

그리움이
꽃이 되어
꽃밭을 붉게 태우는가?

4월의 미궁 속에 나를 달뜨게 하며

분홍빛 꽃망울이
허기진 목마름 되어
내 안에 나를 부추겨
이루지 못한 상처
보듬어 안아 보리

뻥 뚫린 허허로움
따사로운 주님의 미소
나의 자리 일깨워
불현듯 되돌아보니
부끄러움 부푼 풍선 되어
눈부신 아침 햇살에
두둥실 떠밀려가

주님을 사랑하기에
그 누구보다 소중한
주님을 다시 찾아
내 마음에 묻어 보리

아침 1

-2005년 4월 16일-

요한복음서 필독을
끝맺음에
내 마음이 아파온다.

예수님의 생애에서
아꼈던 제자들도
"나는 모르오."

그 지나온 발자취에
회한의 아픔을 겪는
그 마음이

이제
내 마음으로 깨우침을 주신
크나큰 은총 앞에서

사람의 변하는 마음을
조금은 알 것 같은
허전함이여

주여! 나의 하느님!

아침 2

-2006년 3월 7일-

신부님의 권유로 노인교리교사 하고자 나는
오늘 학교를 자퇴했다.
허영과 자기만족의 굴레에서 해방되는 귀한
시간이었다.

구상 시인의 영혼 속에 맴돌던 귀한 만남의 시간을
맞이해 보며
내 갈증과 목마름이 허망 됨을 일깨웠다.

꼭 일 년 동안 허기진 배고픔의 영혼 안에
수많은 갈등과 번민이 나의 길이 아니기에 마음
아팠고
독선과 이기심이 나를 방황의 나날로 이끌어 온
그것이 아니었나?

홀가분한 마음으로 성서의 양식을 갖고
말씀의 은총 안에 명도학당에 잘 왔노라.

세속의 학교보다 멋진 교훈의 양식
가슴 뭉클한 환희가
나의 하느님께 감사의 예를 올리고 싶다.

불러주신 주님께 가슴 터지라고 소리치고 싶은
소녀의 착한 마음이 내 안에 파도처럼 밀려온다.

당신께 모든 걸 맡겼을 때

늘 나를 사랑하시고 아껴주시는 주님
고통과 기쁨으로 승화시켜주시며
범사에 감사함으로 가르쳐주시는 주님

주님 앞에 앉으면
언제나 벅차오르는 가슴
마냥 설레기만 합니다.

순명과 순종의 갈림길에서
방황하던 저를
감싸 안아 주신 인자하신 주님

이제 평온한 하루하루를 고요한 사색에 잠겨
행복한 마음으로 즐겁습니다.

당신께 모든 걸 맡겼을 때
이 세상 슬픔도 외로움도
그 모든 걱정도

바람결에 먼지처럼
사라지게 해주시는 주님
온화한 주님의 손길

주님!
언제나 저와 함께 하소서!

'메주고리에' 성지순례

성모님의 부르심에 감사드린다.

돌산으로 뾰족한 바위가 부서져 진흙과 뒤섞여 가파른 언덕길로 되어 있는 '메주고리에' 발현하신 터를 묵상 속에 올라가면서 나의 사랑하는 큰아들 생각에 가슴이 저며 오는 아픔을 느꼈다.

16년 동안 가슴앓이를 안고 살아온 고통의 시간 들을 생각하니 가슴이 아파오고 눈물이 쉴 새 없이 쏟아진다.

큰아들 7살 때에 막내아들을 낳으면서 엄마의 사랑이 막내에게 다 간 줄 알고 늘 엄마의 사랑을 그리워하던 모습이 떠올라 내 가슴을 더욱 아프게 한다. 원래 말수가 적고 의젓하고 믿음직스러운 모습에 한 번도 아파하거나 엄살을 피운 적이 없는 큰아들이다. 아버지가 돌아가시고 아버지를 대신해서 우리 가정을 이끌어온 큰아들의 피나는 고통을 난 이제 깨달았으니 참 한심한 엄마인 것 같아서 부끄러울 뿐이다.

또한, 나의 무분별한 언어의 남발로 인해 남에게 말로 수많은 상처를 준 대가를 나의 아들들이 보속(補贖, Satisfactio)[2]을 받고 있지는 않은가 싶어서 가슴이 떨려온다. 하나는 영적인 아픔 속에 살아왔고 하나는 자유로운 영혼으로 힘겹게 살아온 모습을 보면서 은총의 이 길을 걸으면서 뒤늦은 참회를 한다.

이번 성지순례는 참으로 뜻 깊고 귀한 순례의 길이였다.

은총은 깊은 고뇌와 상처의 아픔을 겪고 난 후에 주시는 길, 이제 남은 여생, 내 안의 못된 나를 발견하고 내가 자신을 사랑하고 욕심을 버리고 무엇을 위해 살아갈 것인가를 깊이 성찰하여 내 안의 나를 성장시키며 악습을 끊어 버리고, 좀 더 인자하고 남을 배려하는 성모님의 뜻에 합당한 내가 되어 가겠다.

2010. 6. 23.

---

[2]**보속(補贖**, 라틴어 : Satisfactio)은 넓은 의미로 손해의 배상 및 보환을 뜻하나 기독교 신학에서는 죄인이 로마 가톨릭교회와 동방 정교회의 성사 가운데 하나인 고해성사를 보고 나서 실천하는 속죄 행위를 말한다.

가평 피정[3)]의 집을 다녀오며

첫날 몸이 무거워 피정의 집에 오기 싫었다. 큰아들 야고보의 권유로 마지못해 이곳까지 오는 동안 줄 곳 잠이 들었다가 눈을 뜨니 피정의 집이었다.

처음 신부님 고백 상담실에서 만남이 이루어졌고 말씀을 통하여 저에게 용기를 불어넣어 주셨다. "주님께서 주신대로 자신감을 갖고 지금처럼 봉사하며 신앙생활에 임하라."라는 말씀이 나에게 큰 실망을 준 사람에 대한 미운 마음이 일순간 어디론가 날아가 버렸다.

늘 마음 한구석에 억눌렸던 미움의 불꽃이 감사함으로 나를 찾아주었다. 강론 때 나도 모르는 눈물이 줄줄이 흐른다.

하나님께서 늘 나와 함께 계셨고 나를 건강하고 열정 넘치는 지도자로 세워주신 그 고마움을 오늘에서야 일깨워 주셨다.

이 감사한 마음을 간직하며 남은 생에 더 열심히 기도하며 살아 주님의 사랑을 실천하는 일꾼이 되어야 한다는 깨달음을 준 귀하고 소중한 1박 2일의 피정이었다.

돌아오는 경쾌한 발걸음.

주님의 사랑을 실천하는 일꾼이 되길 굳게 결심해본다.

---

[3] **피정**(避靜,retreat)은 일상생활에서 잠시 벗어나 묵상과 침묵 기도를 하는 종교적 수련을 말한다.

새벽 길

눈 덮인 새벽길 위에
함박눈이 내리네
아둡던 길이 환한 빛 되어
눈가루 내려오네
눈꽃송이 휘날리는 언덕길 위에
저 멀리 들려오는 발자국 소리
함박눈이 펄펄 내리는 비탈길에서
어디선가 들려오는 눈 밟는 소리

목발 짚고 걷는 외발자국 하나
뽀드득 뽀드득 발자국 소리 잘도 걷네
하얀 꽃구름 되어 조용히 내리는 하늘에
탐스러운 함박눈이 너무 고마운 길
그 길 따라 들려오는 발자국 소리
새벽녘 미사 가는 길이라네

2

그리움의 타래

영혼으로 만나는 당신

빨간 단풍나무 숲 사이에
소복이 쌓인 낙엽
낮은 언덕 숲실마다
오색융단으로 수놓은 길

눈부신 그 길을 따라 걷노라면
반갑다고 인사하는 산새의 웃음

신비스런 숲 언저리 위에서
다소곳이 맞이하는 나의 임이여
외로운 내 앞에 서서
영혼의 미소로
나를 반겨주는 흐뭇함이여

찌푸린 날씨

잔뜩 찌푸린 날씨
창가에 머물고
스산한 내 마음도
허공을 맴돌아
누군가를 그리네

이런 날이면
먼 상상의 나래 위에
불현듯 그리움 되어
설레는 이 마음
오색 빛 풍선 되어
저 하늘가에 실어볼까?

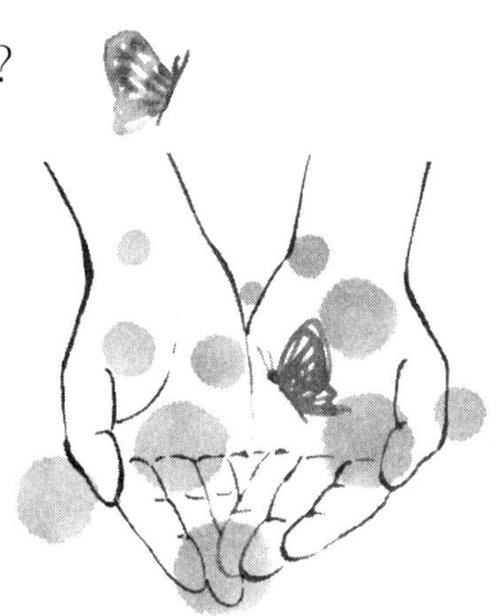

아침 햇살속의 그대

안개에 가려진 해님
서서히 걷히고
그 위로 찬란한
아침 햇살은
뜨거운 마음으로 변하여
어김없이
저 먼 창공 위에서
나를 부른다

크리스마스이브의 밤
파란 군복 입고
나를 찾아와
평생을 같이하자던
나의 짝 '카롤로'

가신 지 22년 세월
엊그제 만났던 그 모습으로
생생히 다가오는 당신
오늘도 변함없이 그리운 '카롤로'
그리움 되어
햇살 미소로 달려온다

그리움의 타래

그리움이 모이면
애잔한 이슬 되고
이슬 머금은 눈망울은
회색빛 기억 필름을 돌리네

밤마다 엮은
그리움의 타래가
어느새
긴 목도리가 되어
임을 감고 나를 감네

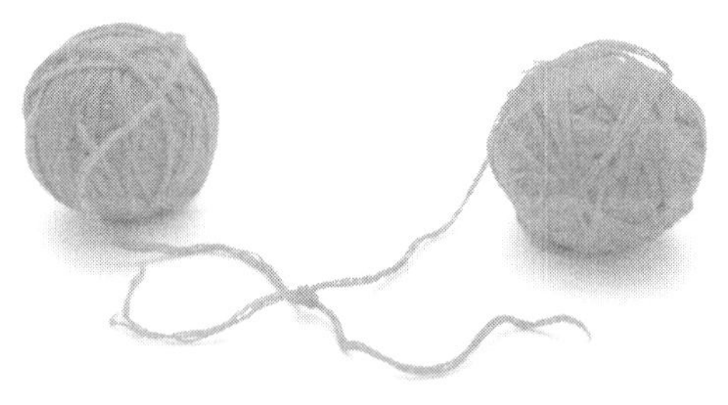

가을 공원에서

빨간 단풍나무 숲 사이에
소복이 쌓인 나뭇잎
융단으로 수놓은 숲길마다
오색 그리움으로 다가온다.

눈부신 그 길 따라 걷노라면
반갑다고 인사하는 까치들의 노래
신비스러운 숲 언저리에서
다소곳이 나를 맞이하는 임이여!

외로운 내 육신 앞에
다시 소생한 영혼 되어
살포시 어깨를 감싸주는 그대는
지금은 천상의 그림자
사랑하는 나의 당신

달님의 미소

창가에 은은히 비치는
달님의 둥근 미소는
애잔한 여운을 머금은
감미로운 추억의 그림자

꽃밭에 스치는 그리움
적막한 밤하늘에
외로이 떠 있는 임의 얼굴
뜨거운 열정의 목마름으로
내 가슴을 휘젓는다

방안 가득 풍기는 달 꽃 내음이
짙은 그리움의 향기로
내 마음 깊숙이 파고들어
미소에 취해
오늘 밤을 잃어버렸다.

지워지지 않는 그대

가신지 16년 세월
어제 일처럼 그리워지는
저린 이 마음의 보고 싶음에
까닭 모를 눈물이 자꾸
마음 구석구석을 적시네

생전의 미움도
갈등의 쓰라림도
아련히 뒤돌아보니
그것이 진정 사랑이었네

영정사진 앞에서
소리 내 불러보기도 하고
회한의 몸부림 쳐 보아도
노후의 여정에
뜨겁게 타오르는 그리움

까만 밤하늘에 올려 보내보지만
되돌아오는 아픔만이
별빛으로
내 창가를 찾아와 흐르네

태산 같은 당신

귀한 줄 모르는 체
떼만 쓰던 나
이제 와 되돌아보니
회한이 되네

불러도 불러도 대답 없는
메아리만 되돌아오네

스산한 가을바람 타고
한 잎 두 잎 쌓여오는
그리움은 외로운 마음에
수북이 낙엽처럼 쌓이는 그리움

산사의 풍경인가?
아련한 그리움
내 가슴에 파고 되어
지는 해에 나를 실은
그리움이 달빛 물결 되네

아, 그리운 임이여

난 꽃

텅 빈 현관 앞
눈부신 보랏빛 화분
반갑게 웃어 준다

누가 보냈을까?

길게 늘어선 꽃술
꼬리 리본 눈 닿으니
그리움 꽃송이 하나
한 아름 덩실 달뜨게 한다

부푼 가슴
보여주고파
두리번 돌아보지만
대답 없는 메아리
허공을 가로질러
설레는 가슴 지그시
미소 짓는 아픔이어라

가을밤

공허한 가슴
하얀 마음에
밀물처럼 밀려오는 그리움
온몸이 떨려와
참지 못한 울음
침대 가득히 퍼져만 가네

생의 길목에서
진한 아픔을 안고
꺼이꺼이 울어 보아도
저며 오는 하얀 마음

스산한 가을밤 되어

물안개 꽃

내 외로운 마음 밭에
성큼 찾아든 꽃 내음
눈 감으면 보고픈 꽃
내 가슴 짓누르는 아픔의 꽃

그리움이 샘물 되고
기다림은 아픔인가

수정 빛 물안개
길옆 늘어선 나무 잎새에
눈꽃으로 방울져 오는 산뜻함이여

풍선

나도 모르는
한 마리의 예쁜 새
내 외로운 둥지에
퍼덕이는 날갯짓으로
날아들어
내 마음 휘젓는가

창가엔 눈부신 해님의 미소
그리움 하나 가득 담아
보고 싶은 예쁜 풍선
수없이 날려 보지만
답 없는 메아리만
나를 달뜨게 한다

불꽃

빨간 불꽃에
나를 드리운 채
새까맣게 타들어 간
보고픈 마음

그 빛은 아마도
섬뜩 이는 빛

타고난 뒤의 영혼은
허공을 방황하는
아픔이 되리.

그리운 물결

창밖 잿빛 하늘
빗물 젖은 물방울
저 먼 하늘가에
피어나는 그리운 물결
살포시 찾아드는
허전한 마음이
나를 힘들게 한다

언제부터인가
그리움이
알알이 아픔 되어
어느새
내 안에 가득 차지했나

품을 수 있는 그리움
오늘도 나를 힘들게 한다

눈물 꽃

오늘도 아침 해는
눈부시게 떠오르고
그리움 저편에
밀려오는 보고픔이여

붉은 해님은 눈물 꽃 되어
내 볼 위에 꽃으로 피어나네

가로수

물기 머금은 가로수
생기 찾은 푸르름
어느새 비에 젖어버렸나

어둠이 짙게 내리는 길 위에
정답게 맞아주는 가로수
그윽한 밤 향기에 밀려오는
그리운 열망 앞에
설레는 애잔함이여

그리움 1

앞산 봉우리에
희뿌연 새벽안개
그 빛살이 너무 고와
걷고픈 마음

은은한 여치의 울음
푸른 숲에서
휘감아 오는 소리는
하루를 열게 하니
고요한 새벽 공기
가슴에 가득 담고
한없이 걷고 싶어라.

그리움 2

핏빛보다 진한
장미의 꽃내음
외로운 내 가슴에
어느새 스며들어
잠은 어디론가
숨어 버리고
조용한 밤하늘에
둥근 달님의 미소
애잔한 여운이
나를 힘들게 한다

그의 사랑이
꽃술에 젖어
나를 달뜨게 한다

기다림

나도 모르게 찾아온 팔순
아직도 내 마음은 소녀 같건만
뒤뚱이는 몸뚱이는
지팡이를 의지하고 있네

어느새 가버린 세월
하늘가는 구름보다 더 빠른
화살 같은 세월
유일한 딸아이의 전화벨이
외로움을 쏟아내라 울려댄다

'엄마! 전화 받아요…'

3

외로운 백로

가슴에 피는 꽃

외로운 마음 밭에
성큼 찾아든 꽃내음
눈 감으면 보고픈 꽃
가슴 짓누르는 아픔의 꽃
그리움 꽃이 되어
샘물로 솟아나는가?

수정 빛 물안개 눈꽃이
길옆 늘어선 나뭇잎 새에
망울져 오는 산뜻함이
내 안에
나를 뒤 흔든다

잊어버린 잠
솜처럼 다가오던
나른한 잠은
어디론가
훌쩍 날아 가버리고

잊은 줄 알았던
아련한 기억만이
샘물처럼 내 안에
흥건히 젖어오네

알알이 다가오는
그리운 당신의 흔적이
폭포수처럼 쏟아져
왜
이 밤 나를 울리는가?

밤은 길고

창밖은 어둡고
잠은 어디론가 달아나
물밀 듯 밀려오는
보고픔만 가득한 밤

노년의 길목에
한 줄기 생명의 빛
보라 꽃 만실 되어
살고픈 마음이
자꾸 고인다

이 나이에
지그시 참아보는
갖고픈 욕심이
저 밤하늘에
뭉게구름 되어
내 안에 나를
뒤 흔든다

그 무엇이

인연

회색빛 바레인 하늘
어두움이 밀려오는 오후

석양의 저문 창가
그리움 한 아름
황혼의 끝자락에서 만난 인연
삶의 봄내음처럼
향기 나는 인연으로 다가오네

새로운 삶 시작되려나
오래토록 머물고파라

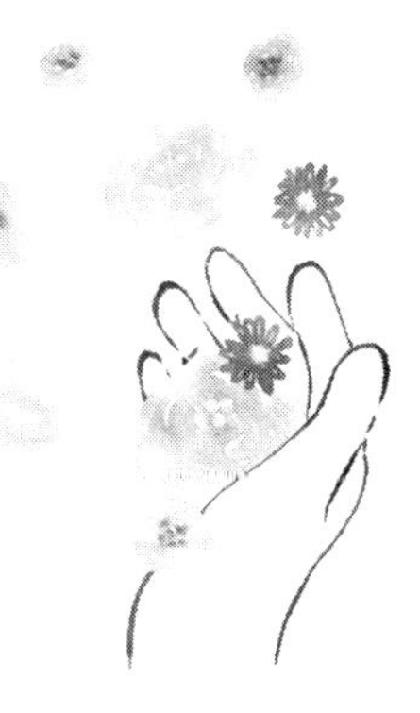

여심

기다려지는 여심
떨치려는 여심
이중 마음의 길
오늘도 한심하다

저물어 가는
저녁노을 속에
어이 하리오
불타는 이 마음

지는 해

붉은 노을 빛 둥근 해
지금의 내 마음인 양
타들어 가네

홀연히 제자리로
나를 다시 찾는
흐뭇한 마음이어라

외로운 백로

붉은 노을이 내리는 냇가
맑은 시냇물 따라
하얀 백로 날갯짓하며
기우뚱거리는 가냘픈 발걸음
외로운 저 백로는
지금 나의 모습인가

서산에 걸친 해
찬바람 스치는
은모래 강변을 채색하며
석양의 그림자를 불사르네

온몸을 파고드는 그리움
산마루를 스치는
뭉게구름 조각들이
외길에 홀로선 나를 위로하는 듯
가신 임 모습 되어
텅 빈 가슴 쓸어내리네

전화벨 소리

전선 타고 들려오는
익숙한 멜로디 소리는
내 마음 들뜨게 하네

왜일까
허전함인가
외로움의 분출구인가

하루가 시작되는 아침
기다려지는 멜로디

같이하는 마음인가
혼자만의 기다림인가

또다시 그리움

잊어버렸다 체념하면
다시금 떠오르는
그리움은 항시 나를 울리네

잔잔한 새벽빛 발하며
붉게 조금씩 떠오르는 해님
하얀 물거품 위로
금빛 물살 가르며
눈부신 달덩이처럼
환한 붉은 해님

임의 미소 머금고
드넓은 바다 위로
둥실 떠오르네

열병이 찾아와도

아름답던 젊은 날
생생히 다가와
잠깐 머물다 간
그리움의 꽃씨
그 꽃밭에서
누군가 그리워하는
애잔함이 나를 들뜨게 했나

이젠 접으리
안쓰러운 열병
까맣게 잊고 산 지금
다시금 되뇌는
아픔의 꽃
너무 나를 모르던
시간의 연속이여

새벽에

희뿌연 새벽안개
창가에 내리는 봄비
오랜 가뭄으로
생명의 씨앗을 잉태하고
조용히 내리는 새벽 비에
물안개 꽃망울 안고
촉촉한 대지를 적시네

내 사랑의 열정도
단비를 듬뿍 받아
나의 아낌없는 마음
보태어 보네
뜨거운 열정으로
사랑할 수 있는 날 다시 찾아
사랑하리라

사랑하리라…

장미가 피면

핏빛보다 진한
장미 꽃내음
외로운 내 가슴에
어느새 스며들어
초여름 밤
잠을 삼켜버렸네

조용한 밤하늘에
둥근 달님만
어느새 그의 얼굴 되네

그의 사랑
장미 꽃 향에 젖어
창을 넘어와
내 코를 간질이네

그리움은 국경을 넘어

중국 여행 중에
청명한 가을밤 기차
달리는 창밖 풍경
어스름 달빛에 비친 산야
은모래 뿌린 산비탈
눈부신 나무 그림자
고요한 밤하늘에 이어져 오네

꿈을 한 아름 안은
오솔길 마냥
잔잔한 정겨움 이어오고
달빛에 비친 그림자 위에
점점이 이어져 오는 들판으로
환상의 아름다운 꿈을 싣고
기차는 달리네

두고 온 조국 산하처럼
아늑한 가을밤 행진 저편에
아련히 떠오르는 임의 눈길
잊었는가 도리질하며
다시금 바라보는 애절함이여

그대 있음에

분노로 이글거리며
타들어 가는 고뇌 앞에
그의 아픔이 나를 울린다

고통 입은 기쁨
그보다 더 귀한 이 없기에
그의 아픔에 같이함이
더 큰 의미로
환희를 안겨준다

태산 같은
그의 가슴에 기대볼까

생기가 나는
그의 목소리에 내 외로움 담아
새로운 삶은 잉태되고
오늘도 그를 기다리며 하루를 시작한다

목련꽃

해마다 소년원 뜰에
다소곳이 핀 하얀 꽃망울
눈 부신 햇살 아래
정답게 반겨주면
너무도 고운 빛 속에
함께하는 지난날의 원생들

보고 싶은 열망에
가까이 다가서면
후두둑 떨어질 것 같아
멀리서 바라보는 애틋함이여

10여 년 반복되는 상념의 나래 속에
떠오르는 그들의 모습
늘 자라지 않는 꽃망울처럼
장난기 어린 동안의 모습
이젠 장년의 아픔일까
한 번씩 생각나는
흐뭇한 순간이어라

옛 친구

청춘이 엊그제인데
반 세월 못 만난 인연
잊은 것 같았었는데

늘 내 마음 꽃밭엔
빈칸의 한 모퉁이
조그마한 빛으로 자라온
나 어릴 적 소중했던 벗
나의 젊은 날
늘 그 모습으로 나를 지켜주었지

20대의 풋풋함이
긴 세월 바람에도
단아한 자애로움으로
노년의 내 곁을 찾아와
가슴 설레게 하네

사랑아!!!

벗의 승진을 보고

너무 좋아 너무도 좋아
이 벅찬 가슴의 고동 소리
내 생에 큰 보람
저 맑고 환한 햇빛 속에
눈부신 설렘으로 다가오는
내게 가장 소중한 분

외로움에 지친 나를
다독여 주던 그 마음
태산보다 높은 감사함이
지친 내 영혼에 다가와
산다는 삶의 의미를
부여해 주고 어떤 길이 옳은지 이끌어 주던
그 자상한 배려의 말 한마디

나를 감동케 해주었고
포근함과 온유함으로 늘 감사한
마음을 담아두었던 흐뭇함이
이제 결실을 보아
그분의 승진 길이
내 길 모양 큰 감동을 안겨주네

팔순의 문턱에서

애잔한 그리움이
겹겹이 쌓여오는
내 마음 어찌할까

이제 노년의 문턱에서
젊은 날의 그리움
뜨거운 열정의 마음
되뇌어 보아도
수줍은 소녀의 마음
간간이 이어져 오네

긴 한 세월
마음 깊이 자리 잡아
잊은 것 같아 되돌아보니
깊은 울림으로 간직한
아름다운 만남이었네

20대의 순수한 만남
잊은 것 같아 돌아보니

늘 꿈꾸는 마음이었네
속마음과 달리
겉과 속이 다른 말
그 누가 알리
나 혼자 되뇌어 보는 애틋함이여

봉덕사 언덕 위

길게 뻗은 나무그루
조용한 숲길
멀리 비쳐오는 회색 하늘
반갑다 맞이하는 아늑함
뜨거운 열기가
물안개 되어
타들어 가는 목마름이
좁은 차 안에 퍼지는 희열
조용히 찾아오는 애틋함

산사의 풍경인가?
아련히 그리움 되어
내 가슴에 파고되어
뜨거운 목마름의 갈증은
지는 해에 나를 묻어
그리움에 물결이
달뜨게 하네

남이섬의 청설모

짓 푸른 숲길
정답게 뛰노는 청설모
파란 눈빛 수정 빛발하며
이 나무에서 저 나무로
숲길 나뭇가지 사이로
조그마한 발로 잘 노닌다

지난 시절 우리 아버님
보약으로 대신해준 그 정겨움
오늘에서야 그 고마운 마음
너에게 한 아름 보낸다

남이섬 숲에서

녹음이 우거진
짙푸른 나무숲 길
실바람 타고서
뛰노는 청설모
파란 눈빛 수정 빛 발하며
숲길 나뭇잎 사이로
도토리 알보다 작은 발로
앙증맞게 잘도 오르네.

울창한 숲 사이
줄 타고 홀로 노니는 까치
너도 혼자 나도 혼자인 듯
외로운 나를 반겨주고
다독여 주는 흐뭇함이여!

4

미운 새

아침 해 창가

눈부신 아침 해는 창가
밝고 힘찬 따사로움으로

저 먼 하늘가에서
숨죽인 대지를 비춰

스산했던 내 마음
안개를 걷어주네

물밀 듯 그립던
내 안에 자리 잡은 애잔함도
저 밝은 해님의 미소에
두둥실 날려 보내고

갖고픈 욕망도
그리움에 지친 마음도

나 홀로 되새기며
모두 다 감싸 안으리

은행잎을 보며

한길 옆 외줄로 늘어선 은행나무

담벼락 타고 휘날리는
노란 은행 잎
노란 눈가루 되네

한 잎 두 잎 떨어져
꽃가루 소복이 쌓인
노란 눈길

밟기도 아까워
넋 놓고 바라보는 그 길
너무 고운 길 예쁜 길이여

미운 새

오늘 나를 보니
참 많이 늙어버렸다.
잔뜩 부푼 마음에
공연히 얼굴 붉어지네

누굴 사랑하기에는
때늦은 세월이란 걸
거울을 보며 새삼 느끼는
허무하게 부서지는 마음

꿈에 젖은
분홍빛 마음
이젠 접으리
돌아보니
여름날
아름다운 보라 꽃이었네

가는 세월
어찌 하리
나를 너무 몰랐네
나는 너무 너무 미운 새였나?

석양

해넘이가 시작된
서산마루
눈부신 노을 속

아련히 떠오른
그대 모습이
내 마음을 흔들고

보고픈 열망에
흔들리는 이 마음
허전함이 이슬 되네

왜일까?

찬바람이 찾아든
내 마음 꽃

물밀 듯 밀려오는
그리움의 물결이
나를 눈물짓게 하네

황혼

어느새 가버린 젊음
엊그제 같은데
세월에 물어본다

숨 가쁘게 달음질하며
시간에 빼앗긴 낭만들
어느 새라는
이름 모를 날짐승이
이래저래 날수를 먹어버린
내 황혼의 내막들을
알아줄까 서럽기만 하다

노년의 터널에 들어서며

인생의 긴 터널 위에
뿌려진 긴 사연들
뒤돌아보니 아픈 세월이었네
잊고파 도리질해 보건만
수북이 밀려오는 그리움
미움도 정이런가?

창밖의 가을 하늘은
맑고 높은 흰 구름만
두둥실 떠밀려 가는데
어느새 노년의 문턱에 서서
지난날의 그리운 옛 추억을
더듬어 보네

노란 낙엽이 빨간 꽃술로 변해
한들 바람에 휘날리고
저 멀리 비쳐오는 그림자
외로움 안고 절망하던
임 모습이
오늘따라 문득 마음 휘 젓네

코스모스 길가에서

붉은 저녁노을이
부서지며 은빛 가루 뿌리는
코스모스 꽃길

미풍에 떠밀려
간간이 일렁이며
길게 늘어선 꽃길 따라
오색 빛 잎들은
새색시 수줍음 안고
고운 춤추네

강 저편에 살며시 걸터앉은 해님
금빛 묻안개 꽃 되어
점점 사라지는 노을빛 따라
어느새 저버렸네

강기슭에 어둠이 내리면
밤의 고요와 적막만 흐르고
빈 마음만 쌓여 가네

가을 찬바람

가을빛바랜 하늘처럼
잿빛이 되어 타들어 가는 작은 마음에
모래알 같은 멍울이
점박이 된 채 서성인다

이 가을 스산한 바닷바람이
검은 허공을 질러
보랏빛 마음에 찬란한 이슬로
비수가 되어 찌른다

떠오르는 영혼의 빛이
수 없이 포개져 오는
아픔이 되어 갈가리 찢기는
상처가 된다

먼저 간 벗의 무덤가에서

어둠이 내리는 산사에
반갑다고 울어대는 까치 떼
빙빙 원을 그리며 나를 반기네

해는 서산마루에 걸터앉아 나를 보고

"왔는가?"
덤덤히 맞이하는
쓸쓸한 영상의 미소
파란 잔디 속 무덤에
슬프게 바라보는 예쁜 눈망울
까치 울음소리 되어 반기네

사방은 어둠이 내리고
많은 영혼이 숨 쉬는
을씨년스런 그곳에
어디선가
한 마리 하얀 나비 날아와
사뿐사뿐 춤추며
어두운 길 인도하네

성묫길에서

산등성이 줄지어 늘어선
파란 무덤의 집 틀에
수많은 삶의 애환들이 잠들어있네

어머니, 아버지 나의 짝까지
함께 누워있는 곳
덤덤히 웃는 눈망울들
금방이라도 나를 반길 것만 같은데

어느새
산등성이 노을은
시들어가고
산야는 회색빛으로 덮여가네

어둠 속으로 사라져가는
그리운 얼굴들
내년에 다시 볼 수 있으려나

낙엽 길

길게 늘어선 오솔길 위에
노란 은행잎 바람에 휘날리는 꽃들의 행렬
눈부신 낙엽 그 꽃잎 속에 나를 맡기는 마음

가을바람 일렁이는 길 위에
사뿐히 내려앉는 은행잎
눈부시게 아름다운 꽃들의 행렬
바람에 나부끼는 노란 꽃잎
보기조차 귀한 빛이
줄줄이 이어져
내 마음 상상의 나래를 펴고
날개 짓 하고픔이어라

자식

아들의 마음 헤아려 보니
뜨거운 눈물이 가슴 메여
숨 죽여 울었다

속 깊은 마음을 헤아리지 못한
내 마음이 한심해
소리 죽여 운다

건강하게 웃음 짓는
하루하루를 보며
우리 아들 근심 없게
살게 해달라고
기도하는 것이
내가 할 일 아닌가

그리운 막내아들

교정의 아카시아 그늘 밑
6월의 눈부신 햇살
산들바람 미풍 속에
휘날리는 은백의 꽃잎
꽃향기 은은히 날리고
운동장에 옹기종기 모여앉아
조잘대던 아이들
고운 소리 장단 맞추며
살포시 춤추네

잊어버린 먼 기억 속에
떠오르는 그리운 막내 얼굴
싱그러운 미소가 나를 감싸 안고
불현듯 그리움이 되네

호주에서

이국의 아침
먼동이 트는 이른 아침
우리 모자는 일터로 간다

달리는 차 안에 들려오는
구슬픈 멜로디 따라
서서히 떠오른 아침 햇살
길옆에 나란히 따라오던 하얀 파도물결
은모래의 아름다움
눈부신 태양에
밀려오던 바다내음
힘들고 아린 시절의 기억이지만
문득 생각나는 호주에서의 날들이여

말 한마디 1

말 한마디가
나를 들뜨게 하네

정성 어린 말 한마디
큰 눈사람 되어서
내 마음에 기쁨을 주네

많은 인연의 끈
수없이 담아 보지만
정녕 나를 인정해주는
고마운 말 한마디
생의 희열 되네

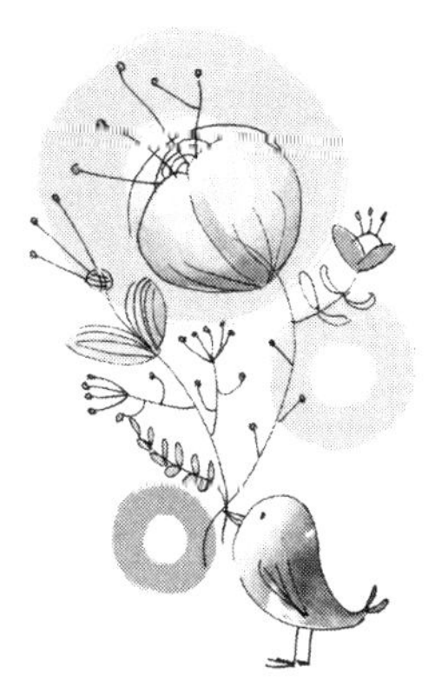

말 한마디 2

오래 지나도 썩지 않는
말 한마디가
가슴을 저며 온다

잊어버리자
저 꽃술에 모든 걸 실어 보내리

착각의 늪에서 헤맨 여심
철쭉 꽃망울에 초록빛 싱그러움
서서히 문 닿아 가는 보랏빛 애처로움

20여 년 간직했던 기다림과 그리움을
이제 불타는 저 낙엽송처럼
송두리째 태워버리고
숱한 나날 멍든 가슴
까만 숯검정도 훌훌 털어 보리라

말 한마디 3

당신의 말 한마디가
나를 감동케 하며
생의 기쁨으로 다가와
오랜 기다림의 희열
가슴 깊이 파고드니
그리움 녹여 안고 보러 가겠노라

그 속에 담긴 정감은
나만이 간직한 진주인가
솟구쳐 오는 갈망과
오랜 그리움으로
보라 빛 난 꽃으로
내 마음의 계곡에 꽃망울 지네

경고

나이 황혼에
경고라는 말이 웬 말
행사장 안, 수많은 사람

젊은이의 고함에
휘둥그레 놀란 이들의 시선들
때 아닌 "경고한다."라는 소리
울컥 치미는 속마음보다
무슨 경고인지 놀란 내 마음
꾹 참고 계단을 내려가니

젊은 의원이 구석에다 몰아세우며
"한 번만 더 이런 일이 있으면
그때는 조처한다."라는
갑 질의 소리

울컥 내 울분은
독화살이 되어
갑의 심장으로 날아갔다

'경고한다. 너도 늙어봐라.'

독이 되고 약이 되고

나도 모르게 기다려지는
전화벨 소리
전선을 타고 흐르는
차가운 말 한마디
소름 끼치는 독이 되어
심장을 억눌러
그리움과 기다림
산산이 부서져 버리네

따뜻하고 정겨운
벨소리
약이 되어
검게 타던 가슴
환희로 피어나게 하네

능선 너머

능선 너머 저 골짜기
나를 부르는 소리
석양이 눈부신 햇살
초록빛 능선 위에
살포시 저물어 가는
단풍잎과 잔디 풀

오늘 그곳에 두고 온
지인의 영원의 집
수많은 영혼이
옹기종기 모여
이별의 아픔을
통곡의 울음으로 나눈다

저쪽 골짜기에
나의 유년 시절의 벗
편히 잠든 곳
멀리서 만나는 회상
가슴에 담아온 하루

그리움의 샘물들

▲ 덕봉해변에서의 추억을 더듬으며

▲ 여고시절

▲ 고등학교 졸업을 하고 그리운 친구들

▲ 꿈많던 시절 등선폭포에서

▲ 신촌시절 정원에서

▲ 속초에서 딸들과 함께

▲ 어린 자녀들과 다정했던 시절

▲ 최고경영자 과정을 마치고 남편과 함께

▲ 전국가족합창대회 대상수상기념

▲ 김수환 추기경과 함께

▲ 소년원 청소년 문화교육 장면

▲ 청소년에게 포상상하는 모습

▲ 청소년 강의

▲ 세계여성 정치지도자들과 함께

▲ 여성단체장들의 훈장수상 후 축하

▲ 제4회 아세아태평양지역 여성지도자 대회참가

▲ 현대그룹 정주영 회장님과 여성지도자들

▲ 캘리포니아에서

▲ 막내와 함께 호주에서

여성 지도자 발굴… 정치참여 '지름길'

기 고

홍종임
한국여성정치연맹 강원연맹회장

황금 들녘의 풍요로운 가을. 밝고 고운 햇살이 모아지는 아름다운 수면, 그 금빛 물결로 이어지는 우수 깃든 호반의 도시, 그 밝고 깨끗한 정기를 받은 우리 여성들이 이젠 스스로 건강한 나라 지역의 발전을 위해 뜻을 모아 지금까지와는 다른 진보된 모습으로 사회참여와 정치참여에 귀를 기울일 때라고 생각합니다.

여성들의 정치참여는 일찌감치 요구돼왔지만 민주사회 발전뿐만 아니라 21세기 부정부패가 없는 깨끗한 정치풍토 조성을 위해 또 21세기에 걸맞는 여성도 남성과 동등하게 사회정치 참여는 물론 책임도 남성과 공유할 수 있는 동반자적 사회관계를 형성해야 하기에 더욱 절실해지고 있습니다.

여성의 정치참여는 국가 경쟁력 향상으로 더 높은 경제성장을 이루기 위한 필수불가결의 요소임을 생각할 때 더 이상 여성정치참여 목소리가 허공을 맴돌지 않도록 여성 스스로의 노력이 요구되는 시점입니다.

여성정치 참여 확대를 위한 첫 번째 선결과제는 여성정치지도자 발굴과 양성임은 두말할 필요도 없습니다.

본 여성정치연맹에서는 이를 위한 첫걸음으로 여성의 정치의식을 고취하고 입법정책 개발 및 지원을 통해 여성의 지위향상과 양성평등 사회를 실현하고 민주정치를 구현하고 화합과 정의 실현으로 통일 기반을 구축하기 위한 활동을 전개하고 있습니다.

지나온 세월속에 뿌리깊게 자리잡은 가부장적 제도 때문에 여성은 사회보다는 가정에서의 역할이 중요시되었고 정치참여는 생각도 못했을 시절이 있었습니다. 더욱이 '여성이 정치를 아느냐' '정치는 아무나 하는게 아니다'는 여성비하적인 주위의 따가운 시선이 정치연맹이라는 따이틀에 더해져 수많은 모욕과 이질감을 견뎌내야 했습니다.

또 정치에 대한 불신풍조는 다른 봉사단체나 여성단체와 달리 어려움이 따르게 했고 회의조차 느껴야 했으나 가정에서부터 올바른 생활습관과 양성평등 교육을 우리 여성들 스스로가 책임을 져야 한다는 자성이 고개를 들면서 조금씩 변화되는 것을

여성 특유의 섬세함 선진정치 이룰 기반

경험했습니다.

여성 자신의 정체성을 찾고 정치참여에 대한 확고한 가치관을 정립할 수 있을 때 우리 사회는 밝고 따뜻한 미래가 보장되는 것입니다.

요즘 정치풍토를 볼 때 한심하고 안타까운 느낌이 드는 것은 어찌할 수 없을 것입니다. 다른 일은 차치하고라도 죄를 짓고도 '아니오' 발뺌부터 하고보는 정치인들의 속셈과 말바꾸기가 예사인 도덕성을 상실한 정치인들의 모습을 더 이상 묵과하기에는 자라나는 청소년 세대에게 부끄러운 일입니다.

도덕적이고 양심적인 정치인의 탄생은 사회의 기본단위인 가정을 책임지고 자녀들의 교육을 담당하고 있는 여성들의 참여로만이 가능합니다. 내년 총선에서는 구호로만 여성정치참여확대가 아닌 실질적인 정치참여를 이끌어내기 위해 지금부터 소홀히 했던 여성후보의 발굴과 양성이 있어야 합니다.

우리여성들은 지역살림과 나라살림을 위해 열심히 잘 준비된 후보들이며 기존 정치인들과 달리 깨끗한 정치를 펼 수 있다는 걸 확신합니다. 여성 특유의 부드러움과 섬세함으로 선진정치를 전개할 수 있는 탁월한 능력을 갖추고 있습니다.

이제 여성들이 정치에 참여할 수 있는 분위기를 확산하고 여성 스스로 정치에 뜻을 품고 적극적으로 활동할 수 있는 의식전환을 모색해야 할 때입니다.

여성자신이 할 수 있는 역할을 스스로 찾아 해낼 때 정치도 여성들의 몫으로 돌아오므로 정치활동에 소신을 갖고 움직이는 여성들을 격려하고 발굴하는데 함께 힘을 보태야 합니다.

그동안 이어져온 불신과 갈등을 잠재우고 '나아닌 다른 사람은 안된다'는 풍토를 쇄신해 격려와 용기를 줄 수 있는 훈훈한 덕목으로 여성후보를 정열과 사랑으로 밀어올릴 때만이 실질적인 여성정치참여를 이룰 수 있는 기반이 조성됩니다.

80만 강원여성들이여!

21세기는 여성의 시대라고 말만 앞세울 것이 아니라 구체적이고 체계적인 교육과 의식전환을 통해 사회 각 분야에 여성참여율을 높이는데 여성의 목소리를 모아야 합니다.

폭넓은 마인드와 소신을 갖고 생활정치 구현에 적극 참여하는 여성의 본보기가 되는 강원여성의 세력화에 여성의 결집된 힘을 발휘할 때 강원여성의 정체성도 확립될 것입니다.

홍종임 두 번째 시집 **그리움의 타래**

초판 인쇄일 2021년 11월 03일
초판 발행일 2021년 11월 03일
2쇄 인쇄일 2025년 04월 15일
2쇄 발행일 2025년 04월 18일

지 은 이 : 홍종임
펴 낸 이 : 홍명수
편 집 인 : 최승남

펴 낸 곳 : 성원인쇄문화사
출판등록 : 강릉2007-5
주 소 : 강원도 강릉시 성덕포남로 188
대표전화(033)652-6375 팩스(033)651-1228
이 메 일 : 6526375@naver.com
ISBN : 978-89-94907-05-5(03800)